FUNDOS DE INVESTIMENTO IMOBILIÁRIOS: Uma Abordagem Prática

ÍNDICE

AGRADECIMENTOS

Pensei muito em como começar este tópico, e talvez essa tenha sido a página mais difícil de escrever, já que existem inúmeras pessoas que gostaria de agradecer, porém com receio de deixar gente importante de fora.

Creio que minha mãe, avó e esposa foram fundamentais nesse meu processo de aprendizado, que me deram a chance de estudar e aprimorar minhas habilidades cada dia mais e sem estas, não seria possível escrever esta obra.

Aos demais, para que não corra o risco de esquecer ninguém, agradeço de forma geral a todos que cruzaram o meu caminho, seja de forma positiva ou negativa, já que há aprendizado em ambos.

Por fim, agradeço a você, leitor, que confiou em mim e acha que esta obra é minimamente viável e vale o seu investimento de tempo e dinheiro.

Obrigado a todos.

SOBRE O AUTOR

Você verá ao longo deste livro que não gosto de seguir muitas formalidades, prezando pela leitura leve e prazerosa.

Quanto a mim, sou um quase-matemático frustrado (não concluí, largando no último ano), que depois se formou como engenheiro e se especializou em segurança do trabalho.

Tenho me dedicado aos investimentos a mais de 15 anos, estou contando a partir de 2006, dependendo de quando você lê esta obra, pode ser mais.

Sempre tive atração por imóveis e pelo mercado de ações, tendo por consequência, me apaixonado pelos fundos imobiliários.

Escrevi este livro com o intuito de propagar o conhecimento que adquiri ao longo dos anos e pra tentar despertar o interesse no mercado de fundos imobiliários no investidor pessoa física.

Acredito muito no potencial destes ativos e penso que o brasileiro precisa criar urgentemente uma cultura de investimento.

PREFÁCIO

Se você está lendo este livro, é um ótimo sinal! Indica que você resolveu pensar no longo prazo e que vê nos investimentos uma forma de garantir um futuro melhor.

Quando comecei a investir na bolsa de valores, por volta de 2006, existia pouquíssima informação disponível, e em se tratando de fundos imobiliários, praticamente nenhuma.

Estar sozinho em um barco que balança sem parar, como a bolsa de valores, pode causar enjôo forte, pois você não tem muita certeza do que outras pessoas pensam, e por mais que as decisões aqui tenham que partir sempre de você, ouvir ou ler uma opinião de quem está a mais tempo no mercado é sim reconfortante.

Volto a dizer que este livro não te trará nenhuma indicação. Você não encontrará aqui nada como "compre o fundo XXXX11 porque é garantia de sucesso", primeiro porque não sou analista financeiro, apenas relato minha opinião e experiência no mercado, e segundo porque tudo depende de você e quais riscos você está disposto a correr.

Te adianto que mesmo lendo este livro ou todos os outros que existem por aí, e confesso que não são muitos, você vai errar! E vai continuar errando muitas vezes, assim como esse que vos escreve, afinal, se existisse fórmula mágica ou um jeito de prever qual o melhor investimento do momento, talvez esse ativo nem estivesse disponível pra ser negociado, já que ninguém iria querer vendê-lo.

Se caso eu tenha te assustado no paragrafo acima, tenha calma, respire fundo, e acredite, no longo prazo, tomando as medidas certas pra minimizar os erros, o futuro é sim compensador.

Enfim, aproveite o livro, leia, re-leia com atenção, leve em conta os fatores que minimizam riscos, e trace sua estratégia visando o longo prazo e sua aposentadoria. Você verá que investimentos podem, e devem, ser mais simples do que você pensa.

Bom divertimento.

INTRODUÇÃO

O Brasileiro sempre gostou de imóveis! O tal "sonho da casa própria" passa como um ensinamento de pai pra filho, principalmente para o pessoal nascido no século passado. Qual o problema disso? Você precisa de um certo capital pra começar...

Quem conquistou tal sonho, ou ainda pessoas mais novas, já passaram a idealizar outro passo, o de utilizar imóveis como fonte de renda. Você mesmo deve conhecer alguém no seu bairro ou na sua família que ganhou/ganha muito dinheiro diretamente com o aluguel de várias casinhas ou apartamentos. Qual o problema disso? Você precisa de um certo capital ainda maior pra começar...

E por último, temos os grandes empresários, aqueles que constroem prédios comerciais, grandes armazéns e obras de grande porte com o pensamento de ganhar rendimentos da mesma forma que o seu vizinho das casinhas, porém em uma escala muito maior. Qual o problema disso? Você precisa de um certo capital que é melhor nem fazer a conta pra começar...

O que muita gente não sabe, e no momento que eu escrevo este e-book pra você, mais de 95% da população do nosso país não sabe, é que grandes imóveis, como prédios inteiros bem no meio do coração de São Paulo, ou mesmo galpões empresariais ou mesmo hotéis são investimentos acessíveis ao brasileiro e por muito menos que ele pensa.

E se eu te disser que é possível ter participação nos lucros destes mesmos imóveis que eu apontei acima, investindo a partir de uns R$100,00 ou até menos?

Pois bem, seja bem vindo ao fantástico mundo dos fundos imobiliários, um mundo fascinante que mistura renda fixa, renda variável e o sonho do brasileiro de ter um imóvel, nem que seja um pedacinho dele.

COMO INVESTIR EM IMÓVEIS

Eu sempre tive um gosto muito grande por este tipo de investimento, acredito que deva ter sido algum trauma de infância, já que sempre via parte do pouco salário de minha mãe indo embora para pagar o aluguel do mês.

Quando comecei a trabalhar e ganhar meu próprio dinheiro, jurei a mim mesmo que sempre teria ao menos um teto pra chamar de meu, e sim, aqui vou de encontro a muitas pessoas do dia de hoje que dizem que não é preciso ter imóveis, ou que é mais vantajoso alugar do que se meter em um financiamento de 30 anos e passar a vida pagando por ele.

A questão aqui é: já percebeu que todos que dizem isso, possuem ao menos um imóvel? Sim, se você levar em conta todas as pessoas que obtiveram sucesso neste país, a maioria tem sim imóvel próprio. Todos os bem sucedidos tem sua fortaleza.

Claro que entendo que entrar em um financiamento de muitos anos, vai comprometer parte de sua renda, porém, em minha concepção, todos devem almejar ter ao menos um imóvel, pois se tudo der errado, é lá onde você vai dormir e pensar um jeito de recomeçar.

Também ressalto que não necessariamente este deve ser seu primeiro investimento, por exemplo, se você ainda mora com seus pais, tem a versatilidade de alocar seus recursos em outros ativos, aproveitar o retorno deles e investir até que precise adquirir um imóvel.

Como deu pra ver, eu sou um entusiasta dos imóveis e dos investimentos relacionados a eles. Depois de começar a ganhar dinheiro através do meu trabalho, e realizar o sonho da casa própria, me deparei com outros tipos de investimento em imóveis que abriram minha mente.

O que descrevi acima é a forma mais pura de investir em um imóvel, a aquisição direta. E apesar de adorar, nem tudo são flores aqui. Dentre os diversos problemas, citamos o grande valor que você terá que usar pra quitar o imóvel, ou financiá-lo.

Ter um imóvel te imobiliza muito de seu capital. Digamos que você tenha gasto R$300.000,00 em um apartamento, caso você fique muito apertado e precise pagar alguma conta, por exemplo no valor de R$150.000,00, pode não conseguir vender este apartamento pelo valor merecido dele no fim do dia, ou seja, são ativos com uma limitada liquidez e não consequimos vender só uma parte do apartamento pra quitar nossos compromissos (ao menos, não recomendo serrar um apartamento ao meio, ainda mais que as paredes dele podem fazer parte da estrutura).

Conheço muitas pessoas que aproveitam exatamente isso pra investir em imóveis, o chamado custo de oportunidade.

Quando você já tem onde morar, e principalmente o pessoal de gerações anteriores que gostam de imóveis, enxergam nas pessoas apertadas financeiramente uma ótima oportunidade pra fazer negócio, comprando apartamentos, casas ou terrenos por um valor bem abaixo do mercado, de gente apertada.

Claro, pra conseguir fazer isso, você precisa além de ter um capital muito grande sobrando e a pronta disposição pra adquirir estes ativos, como ter uma grande capacidade de administração, e acredite, ter imóveis próprios, inquilinos, custos de condomínio e etc, além de todo o gerenciamento dá muita dor de cabeça.

O único tipo de investimento em imóvel que não me trouxe o retorno esperado foi o de comprar na planta. Adquirir um imóvel ainda na fase de construção (ou mesmo antes dela), e acreditar que o valor do mesmo iria se valorizar.

O problema aqui é o que acontece no meio do caminho, com o país estando sujeito a crises, instabilidade e etc, e vale lembrar, que todos os apartamentos ficam prontos ao mesmo tempo, o que pode interferir e muito na viabilidade de venda ou locação após o fim da construção, porque sempre haverá alguém querendo fazer um melhor preço que o seu.

Eu investi em tudo isso que você leu acima. Imóveis prontos, na planta, dando veículos em troca de terrenos ou apartamentos para alugar, até que descobri os fundos de investimento imobiliário, que aqui chamaremos de FII's, que potencializaram minha capacidade de investir em imóveis e em tipos de imóveis que jamais pensei ter condição de investir um dia.

MAS AFINAL, O QUE É UM FII E COMO ELE FUNCIONA?

Imagine um prédio na Avenida Paulista em São Paulo. Agora, imagine que ao invés de comprar esse prédio sozinho, você resolver dividir esse custo de aquisição com mil amigos e dividir os rendimentos igualitariamente entre cada um.

Um FII é basicamente isso, simplesmente uma cota de um imóvel (ou imóveis), o que aqui vamos chamar de fundo de investimento imobiliário (FII), negociado na bolsa de valores!

Traduzindo, você negocia uma participação nos lucros de um determinado empreendimento, através do home broker (o painel onde você coloca ordens de compra e venda de ações e FII's) de uma corretora.

Mas vale a ressalva: O que você negocia aqui é a participação (ou seja, cotas no fundo de investimento), e não necessáriamente você está comprando um quarto dentro do prédio que você gostou, ou seja, não dá pra pegar sua esposa ou marido e ir morar em um FII!

Na verdade vamos ver mais à frente que esse tipo de cota não se resume unicamente a um prédio. Realmente, a grande maioria investe em prédios comerciais, galpões ou lojas de varejo. São os chamados "Fundos de tijolo".

Outros tipos de fundos são os que investem em papéis de renda fixa, os chamados "Fundos de papel". Lembrando que podem existir fundos que invistam em ambos.

No momento em que escrevo este livro existem fundos que por exemplo investem em silos agrícolas, em hospitais, hotéis e um que investe em cemitérios! Não vejo muitos problemas com inquilinos aqui, mas ainda acho muito esquisito...

E no fim das contas, por lei, o fundo é obrigado a repassar 95% dos resultados ao cotista. A maioria deles faz isso de forma mensal (e geralmente lá pelo dia 15).

A legislação permite que ocorra distribuição semestral, mas a grande maioria dos fundos opta pelo pagamento mês a mês, como se fosse realmente um aluguel!

E antes que você ache que não existe risco em um investimento destes, tem sim! Por isso é sempre válido estudar bastante!

Falaremos dos riscos dos FII's mais a frente, mas já vale aqui a dica para que você analise o fundo, veja quais imóveis ele possui, se ele tem muita dívida, se a gestão e administração do fundo é boa, se ele existe a bastante tempo e quem é ou são os inquilinos destes imóveis.

O segredo aqui é a diversificação. E com um pouquinho a cada mês, você consegue ter acesso a diversos fundos e a vários empreendimentos espalhados por todo o país.

OS TIPOS DE FUNDO IMOBILIÁRIO

Como conversamos nas paginas anteriores, existem diversos tipos de fundos em que é possível adquirir cotas.

Fundos de tijolo

Os mais comuns são os fundos de tijolo, que basicamente investem em imóveis físicos, como prédios inteiros, parte de prédios (sim, alguns fundos possuem apenas alguns andares de certos edifícios), shoppings, galpões logísticos e etc.

De uma forma prática, são os fundos que investem em ativos palpáveis. Você pode ir até o endereço do imóvel e ver ele lá.

Aqui vale uma observação importante: Quando dizemos que o fundo é de tijolo, isso quer dizer que ele investe principalmente nos ativos que listei acima. Tais fundos podem conservar certa parte do caixa em outros investimentos, como renda fixa, ou mesmo investimento em outros fundos imobiliários.

Fundos de papel

Não, este não é um prédio construído com as páginas do seu caderno.

Um fundo de papel significa que a maior parte dos ativos deste fundo consistem de ativos de renda fixa com lastro em imóveis, como no caso das CRI's e LCI's (certificados de recebíveis imobiliários e letras de crédito imobiliários, respectivamente).

Dentro de uma carteira bem diversificada, estes fundos podem ter espaço. Dependendo do fundo em análise, deve-se tomar cuidado e estudar bem em quais letras e certificados imobiliários o fundo está aplicando, pois podem implicar em risco maior.

Fundos de fundos, os FoF's

O nome é bonitinho e acredito que você já tenha adivinhado do que se trata.

São basicamente fundos que majoritariamente investem em outros fundos imobiliários.
Particularmente não me agradam muito pois com um pouco de pesquisa, eu mesmo posso descobrir em quais fundos este FoF investe e aplicar por mim mesmo, me livrando da taxa de administração do FoF.

Claro que pra quem gosta de diversificar bastante, ou pra quem não tem muito tempo pra ficar acompanhando o mercado, são fundos que tem espaço.

Fundos de desenvolvimento

São fundos que investem em projetos imobiliários, vamos supor a construção de um prédio, e com a venda dos apartamentos, repassa o lucro aos cotistas.
Particularmente acredito que são os FII's mais arriscados, pois dependem muito do bom humor da economia nacional.

O alto risco é acompanhado na maioria das vezes por dividendos robustos. Recomenda-se cuidado sempre.

Fundos híbridos

São os que realmente fazem uma grande mistureba e você não tem o predomínio de uma classe de ativos.

SETORIZAÇÃO, NÚMERO DE IMÓVEIS E INQUILINOS

Dentre os fundos de tijolo, é possivel subclassificá-los quanto aos setores, quantidade de imóveis e número de inquilinos.

Setor de escritórios – São fundos que investem principalmente em prédios, prédio ou alguns andares de um prédio corporativo, alugando salas comerciais. É uma ótima chance de ter acesso a investir em imóveis em áreas extremamente valorizadas de São Paulo ou Rio de Janeiro, por exemplo.

Setor de shoppings – São fundos que investem em parte, ou em um ou vários shoppings. Um ponto positivo deste setor é a diversificação dos inquilinos.

Setor logístico – A predominância aqui é em galpões comerciais, podendo tais fundos terem um ou mais de um inquilinos. Fundo que tende a ir bem quando a economia vai bem.

Setor de hotéis – Sim, é possível investir em hotéis. Particularmente penso que os dividendos aqui oscilam muito, é preciso estudo pra não entrar em investimento errado.

Setor de varejo – Alguns fundos investem em imóveis no varejo, e incluo dentro deste setor, os fundos que investem em agências bancárias. São ativos que tendem a ter um retorno um pouco maior dado o maior risco dos ativos.

Outros – Além dos já citados, você encontrará outros, como fundos que investem em setor educacional, alugando áreas para faculdades, fundos que investem em hospitais ou até mesmo cemitérios. Enfim, tem fundo pra todos os gostos.

Os fundos também podem ser classificados conforme o tipo de inquilino e o número de imóveis que ele possui.

Fundos mono-imóvel – Possui apenas um imóvel no portifólio

Fundos multi-imóvel – Possui mais de um imóvel no portifólio

Fundos mono-inquilino - Possui apenas um inquilino em seu portifólio. Geralmente ocorre em galpões logísticos ou em alguns tipos de prédios comerciais.

Fundos multi-inquilino - Possui mais de um inquilino no portifólio.

Pelo que escrevi acima, você vai ouvir muito expressões como "fundo mono-mono" (mono-imóvel e mono-inquilino) ou "fundo multi-multi " (multi-imóvel e multi-inquilino).

Tem pessoas que ainda falam bastante sobre os fundos "multi-multi-multi", que além do que foi escrito anteriormente, tem imóveis em diferentes localidades do país, não ficando restrito a uma cidade ou a um estado, por exemplo, e como você verá durante suas pesquisas, os fundos são bem concentrados no eixo Rio-São Paulo.

Particularmente gosto bastante dos fundos "multi-multi-multi", por diluírem o risco dos empreendimentos pelo maior número de imóveis e de inquilinos, além do fato de não estarem concentrados em um só lugar.

Em contrapartida, estes fundos acabam remunerando com dividendos mensais um pouco menores, mas qualquer perturbação tende a ser mais suave (o impacto da saída de um inquilino tende a ser mais leve, por exemplo).

Porém, ressalto que esse tipo de pensamento é o que eu levo em conta, e isso varia mediante o perfil de cada investidor.

MODELOS DE GESTÃO

Basicamente podemos dividir os tipos de gestão de um fundo entre ativas e passivas. Dependendo do tipo de investidor que você é, pode se identificar mais com um ou outro tipo de gestão.

Fundos com gestão ativa – Nestes fundos, os gestores tem um pouco mais de liberdade para negociar imóveis, por exemplo, claro que de acordo com o perfil do fundo em questão, analisando boas oportunidades de compra e venda dos mesmos.

Fundos com gestão passiva – A diferença aqui é que grandes movimentos no fundo, como no exemplo acima, o ato de vender ou adquirir um novo imóvel para o fundo, deve ser aprovado em assembléia.

Vale ressaltar aqui que assuntos que necessitam de quorum e da participação do cotista eram até pouco tempo atrás muito custosos.

Em várias situações, não se atingia o número mínimo de cotistas presentes em assembléia para se decidir sobre determinado movimento de um fundo.

Com o advento da tecnologia, espera-se que a tendência das assembléias virtuais torne-se realidade.

Particularmente, penso que no longo prazo e pra fundos com muitos ativos e com menor risco, não faz tanta diferença assim, porém, com a dificuldade de se obter quórum em assembléias, que tende a ser 25%, no momento em que este livro é escrito, tendo a gostar mais de fundos com gestão ativa, porém esta é minha simples opinião.

ADMINISTRAÇÃO

Em minha modesta opinião, esta questão é importante principalmente para a declaração de imposto de renda. Vou explicar: Aqui podemos ter duas entidades diferentes atuando sobre o fundo, os gestores e os administradores.

Basicamente, quem vai fazer todo o processo de comunicação com a comissão de valores mobiliários (CVM), são os administradores.

Já os gestores, que podem estar sob o mesmo CNPJ ou não, é uma figura opcional, que irá atuar escolhendo os ativos que compõem o fundo.

Taxas de administração e performance

Infelizmente (ou felizmente), a administração e gestão de um fundo não são realizadas de graça. Mediante regulamento do fundo, existe a porcentagem , geralmente cobrada sobre valor de mercado do fundo, que irá ser utilizada para pagamento destas instituições.

Como a maioria dos fundos realiza o pagamento de rendimentos mensalmente, o que cai na sua conta já está deduzido desta porcentagem.

Alguns poucos fundos cobram taxa de performance, ou seja, caso excedam alguma meta pré-determinada, obtém porcentagem em cima disso, por exemplo cobrando em relação a quanto seu fundo valorizar mais do que o IFIX. Geralmente taxas de performance ocorrem em fundos de papel.

Sinceramente não vejo tais taxas tendo muito impacto sobre um fundo, e também, gosto de bons gestores e administradores, e remunerá-los é nada mais do que justo.

AS TAIS DAS ASSEMBLÉIAS

Falou-se aqui sobre as assembléias e o quórum, principalmente para fundos de renda passiva. Acontece que mesmo fundo de gestão ativa podem precisar de quórum mínimo, o chamado quórum qualificado, para deliberar alguns assuntos, tais como:

- Votar a alteração do regulamento do fundo. Alteração do regulamento do fundo;

- Votar a substituição do administrador;

- Fusões, incorporações e separações entre fundos;

- Caso não prevista em regulamento, votação da liquidação do fundo;

Existem outras situações, porém as mais comuns são as citadas acima.

TIPOS DE CONTRATO

Por fim, temos os tipos de contrato a levar em conta. Temos dois tipos de contrato que imperam nesse mundo, sendo os contratos típicos e os contratos atípicos.

Contratos típicos

Contrato típico é o contrato que você está acostumado a ver quando aluga uma casa, ou tem um inquilino em um apartamento seu. São os contratos de curto prazo, em que o inquilino acerta um valor mensal e avisa geralmente um mês antes, que irá sair quando quiser.

Geralmente estes contratos são reajustados anualmente via IGP-M ou IPCA, dependendo da negociação. Estes contratos tem a vantagem de acompanharem os ajustes da economia de forma mais rápida, por exemplo, com o valor do aluguel se reajustando rápido caso entremos em um ciclo econômico com juros altos, por exemplo.

O ponto ruim aqui, é que você não tem muitas garantias que o inquilino irá permanecer no seu imóvel por um tempo muito grande, pois na hora do reajuste anual, ele pode simplesmente não aceitar, ou informar sua saída de uma hora pra outra.

Vale lembrar que em tempos de economia em alta, mesmo que um inquilino saia, se seu imóvel estiver localizado em uma área boa, e aqui ressalto a importância da análise de onde está e como é seu imóvel, a administração irá locar esse imóvel rapidamente.

Estes contratos são bem comuns em lajes corporativas, como escritórios, já que a rotatividade dessas empresas é um pouco mais alta que outros setores, por exemplo.

Contratos Atípicos

Aqui, temos o exemplo oposto. Imagine um grande galpão logístico, com uma grande base operacional. Para trazer toda a estrutura para um determinado lugar, uma empresa precisa de certa estabilidade, portanto é comum neste tipo de imóvel, realizarem contratos de longo prazo (atípicos), com vencimentos e revisionais de valores de aluguéis geralmente longos, para que a empresa tenha como planejar suas operações.

Tais contratos, tendem a manter o valor dos aluguéis estáveis por um tempo, independente de como anda a economia do local, porém trás a grande vantagem de manter um inquilino no imóvel por um período maior de tempo.

Vale lembrar que as multas caso o inquilino queira sair antes do prazo estipulado, geralmente são altíssimas, fazendo com que o inquilino sempre pense mais de uma vez caso realmente deseje sair do local.

Geralmente galpões logísticos, parques fabris, agências bancárias e empreendimentos de maior porte possuem este tipo de contrato.

Para o investidor, vale sempre dar uma olhada na data dos revisionais para evitar qualquer surpresa com o fundo.

ALGUNS FUNDOS TEM PRAZO DE DURAÇÃO!

O ideal é que um investimento, principalmente aqueles que pensamos e planejamos para nossa aposentadoria, e visando o longo prazo, ainda estejam lá no momento em que decidirmos retirar o dinheiro e curtir nossa velhice velejando em alto mar (Talvez tenha parecido estranho pra você, mas é o sonho do autor).

Acontece que devemos tomar muito cuidado com alguns tipos de fundos, principalmente os com prazo determinado. Aqui, dividimos os fundos de investimento imobiliário em dois tipos:

Fundo com prazo determinado – Sim, dependendo do modelo do fundo, ele tem um prazo pra acabar. Geralmente fundos de desenvolvimento se comportam dessa maneira.

Conforme este fundo vai chegando ao fim de seu prazo, vai realizando amortização de seu valor patrimonial, repassando estes valores aos cotistas, o que causa distorções absurdas do rendimento quando comparado ao valor patrimonial, o que pode fazer você entrar em uma furada. Nada contra este tipo de fundo, mas saiba muito bem o que está fazendo. Por sorte, estes fundos são minoria

Fundo com prazo indeterminado – A grande maioria. Os fundos são criados sem uma data definida de término. Vale sempre ler os prospectos dos fundos imobiliários para saber se ele é de prazo determinado ou não, mas geralmente os fundos "multi-multi", são de prazo indeterminado.

Lembra da tranquilidade de longo prazo? Gosto desse tipo de fundo por causa disso. Principalmente até pra não ter dor de cabeça com IR levando em conta amortizações de fundos com prazo determinado. Mas enfim, estude e pense bem onde aplicar.

Vale a pena ainda comentar sobre situações em que temos um fundo com prazo indeterminado porém algo acontece. Digamos que o fundo seja incorporado por outro maior, ou ainda em outro exemplo, os gestores decidam encerrá-lo. É o caso de um fundo que não tinha data para acabar que acabou. Aqui reina o imprevisível.

Mesmo fundos grandes podem ser incorporados por outros maiores. Porém todas essas ações geralmente passam por assembléias.

Como não sabemos o que pode acontecer, começar suas alocações estudando fundos robustos, sólidos e a bastante tempo no mercado pode ser uma opção mais tranquila. Porém ressalto que estes eventos são raros. Já vi fundos que foram criados e não deram certo. Daí ativam o chamado "modo voa barata", onde tentam desesperadamente definir em assembléia uma mudança de regulamento para tentar realocar recursos ou qualquer manobra para que o fundo não chegue ao fim.

Falo em capitulos mais a frente sobre o porque eu não sou lá muito fã de fundos que não tem uma história no mercado.

Se expor a algo que não criou "casca" no mercado financeiro pode ser demasiado arriscado e com o passar do tempo, percebi que acaba se tornando algo puramente especulativo e não um investimento muito bem fundamentado, mas como eu sempre falo, a escolha é sua.

PODE ME DAR UM EXEMPLO DE FUNDO?

Claro! Lembrando que escolhi um fundo aleatóriamente para exibir, isso não é nem significa uma indicação de compra, cabe a você analisar os melhores fundos e o que melhor se adequa a seu perfil de investimento.

Exemplo :
Data da pesquisa: 18/05/2020

Fundo: KNRI11
Todos os fundos terão esse padrão... 4 letras e o número 11 no fim. É como você vai encontrá-los no home broker da sua corretora!

IPO: 9 anos
IPO é o lançamento do fundo. A quanto tempo ele existe.

Resumo do fundo: Investe em lajes corporativas e galpões logísticos principalmente na região sudeste.

Segmento: Híbrido

Ou seja, investe em imóveis e em títulos de renda fixa atrelados à imóveis)

Cotas Emitidas: 23.600.802 (em abril de 2020)

Valor Patrimonial: R$159,39 (em abril de 2020).

Esse valor simboliza o quanto cada cota representaria caso dividissem o patrimônio do fundo pelo número de cotas, e não necessariamente representa o valor pelo qual ele é negociado na bolsa!

Taxa de Administração: 1,25% do valor de mercado

É a taxa que o fundo irá descontar para cobrir gastos de administração)

Taxa de Performance: 0%

Alguns fundos podem cobrar taxa sobre o que exceder uma meta pré estabelecida. Por isso é sempre bom ler o prospecto e seu regulamento!

Gestor: Kinea Investimentos LTDA

Administrador: Intrag distribuidora de títulos e valores imobiliários LTDA

Valor negociado no dia 18/05/2020 : R$161,91
Este foi o valor do último negócio feito na bolsa de valores nesse dia.

Dividendo pago dia 14/05/2020: R$0,65 por cota.
Não necessariamente esse valor significa que mês que vem, o fundo pagará este valor. Vai de como ele fez as negociações de aluguel com os inquilinos, despesas com manutenção, administração e etc.

LEGISLAÇÃO (SERÁ RÁPIDO, PROMETO!)

É importante perdermos um tempo nesta parte para entender como um fundo imobiliário vai te remunerar com o passar do tempo.

Tudo aqui se baseia na Lei 9.779/1999, que dispõe que 95% dos resultados obtidos pelo fundo devem ser distribuídos.

Em termos legais, temos:

Art. 10º Inciso XI – critérios relativos à distribuição de rendimentos e ganhos de capital.

Parágrafo único: O fundo deverá distribuir a seus quotistas, no mínimo, noventa e cinco por cento dos lucros auferidos, apurados segundo o regime de caixa, com base em balaço ou balancete semestral encerrado em 30 de junho e 31 de dezembro de cada ano.

E aqui saliento alguns pontos importantes:

Como consta a lei, o fundo tem a obrigatoriedade de distribuir seus resultados semestralmente, porém é de costume que a grande maioria realize a distribuição mensal, com esta regra semestral se aplicando em casos de excessão ou quando o gestor opta por uma reserva de segurança, como foi o caso do impacto da crise devido ao COVID-19 em 2020, onde por não saber como seria o dia de amanhã durante a pandemia, com muitos inquilinos não conseguindo honrar seus compromissos, os gestores dos fundos optaram por realizar o pagamento semestral.

Outro ponto importante é que a distribuição de 95% é referente ao lucro líquido, ou seja, o lucro após descontados todas as despesas e taxas. Portanto, caso um fundo feche o mês no vermelho, ele não irá distribuir nada ao cotista naquele período.

RENDIMENTOS

Aqui está o grande benefício dos fundos imobiliários. Ao menos até o ano em que este livro foi escrito (2020), os rendimentos dos fundos imobiliários são isentos de tributação, ou seja, não existe alíquota de IR incidindo sobre eles.

Vale lembrar que ser isento é diferente de ter que declarar! Conforme falaremo em capítulos futuros, é obrigatório a quem fas movimentação em bolsa realizar sua declaração anual à Receita.

Claro que toda regra tem excessão

Como são pontos raros de acontecer, deixei esta parte por último. Porém deve-se salientar que nem todo fundo imobiliário tem seus dividendos isentos de imposto, devendo o fundo:

- Ser negociado em bolsa de valores;
- Possuir mais de 50 cotistas;

- O investidor não possuir mais do que 10% de cotas do fundo.

Convenhamos, são fatos difíceis de ocorrer, porém não poderia deixar de mencioná-los.

Não será objetivo deste livro entrar em muitos detalhes sobre outras formas de rendimento repassado ao cotista, como o caso da amortização.

Ao contrário dos rendimentos padrão, estes são tributados e as regras do jogo aqui não são tão claras. O melhor a fazer nestes casos, a partir do momento que isso aconteça é seguir as recomendações dos administradores do fundo.

Porém saliento que é um evento raro, geralmente acontecendo em fundos com prazo determinado ou fundos que decidiram por seu encerramento, e se você foca em fundos grandes e multi-imóveis, tende a diminuir a chance de tal fato ocorrer.

DIREITOS DOS COTISTAS

Quando se compra uma cota de um fundo, junto com ela vem alguns direitos a tira-colo. Tais direitos são proporcionais ao número de cotas que cada pessoa possui.

Um dos direitos é o de participar e votar em assembléias gerais organizadas pelos fundos. Dependendo do regulamento do fundo, existem atribuições que precisam de aprovação de uma parte mínima dos cotistas, por isso, por mais que você tenha uma participação minúscula no fundo, faça sua parte, vote.

Existem alguns casos de fundo que ficaram um bom tempo sem conseguir reunir cotistas o suficiente para votarem questões importantes para o andamento do fundo.

Outra questão é o direito de subscrição. Você verá que alguns fundos de tempos em tempos emitem novas cotas (mediante aprovação em assembléias).

Quem já é investidor tem direito de preferência na aquisição destas novas cotas, em proporção ao percentual de cotas que você já possui do fundo.

No fim das contas, é uma forma de permitir que o antigo cotista não perca sua porcentagem de participação no fundo após uma nova emissão.

TRIBUTAÇÃO E IMPOSTO DE RENDA

(CALMA, VAI DAR CERTO...)

Lembra que comentamos sobre não fazer besteira? Aqui creio que seja a parte que mais gera dúvidas e "erros" por parte do investidor iniciante, seja por desinformação ou por simplesmente fazer errado.

Mas no fim das contas, é mais simples do que parece. Principalmente se você é um investidor de longo prazo. O fato de não vender suas cotas traz muito menos dor de cabeça e trabalho do que ficar vendendo.

Lembre-se, a ideia de um FII ou de um imóvel é a renda passiva ao longo dos meses, e não ficar fazendo trades com eles ou ficar vendendo um fundo pra comprar outro. Girar investimentos geralmente não trás bons resultados. Caso queira se aventurar nessa área mesmo assim, discutiremos mais a frente como proceder.

Caso 1 - Comprei um fundo e não pretendo me desfazer dele.

Muito bem, este é o melhor caso. Aqui, você terá pouquíssimas coisas a declarar, e todas somente no acerto anual.

Para realizar esta declaração, você deverá seguir os seguintes passos:

Primeiro de tudo, faça o download do programa no site da receita federal. Lembre-se que se você operou na bolsa, mesmo que R$1,00 terá que realizar a declaração anual.

Após preencher seus dados cadastrais, na aba bens e direitos, clique em "NOVO", conforme mostra a figura:

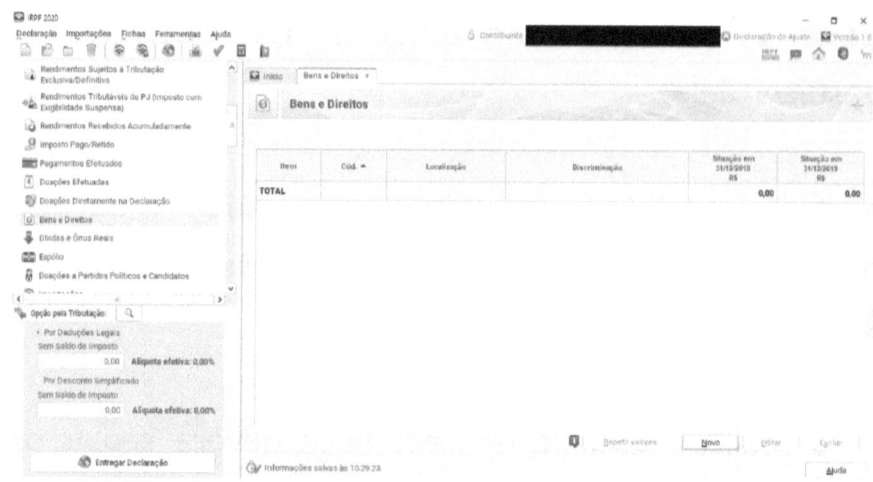

Figura 1 – Declaração do FII como bem e direito

Agora, com o código 73 (Fundos de Investimento Imobiliário), preencher o nome do fundo, código, administrador, a quantidade de cotas e o CNPJ do fundo.

Lembre-se que todos esses dados estão disponibilizados na cartinha ou e-mail que os fundos te mandam próximos à data de declaração do imposto de renda.

Para o exemplo a seguir, adotei o fundo BBPO11 . Os valores inseridos não tem nenhuma relação com a verdade, apenas simulei que adquiri 10 cotas, totalizando um patrimônio de R$1.000,00 Veja o exemplo a seguir:

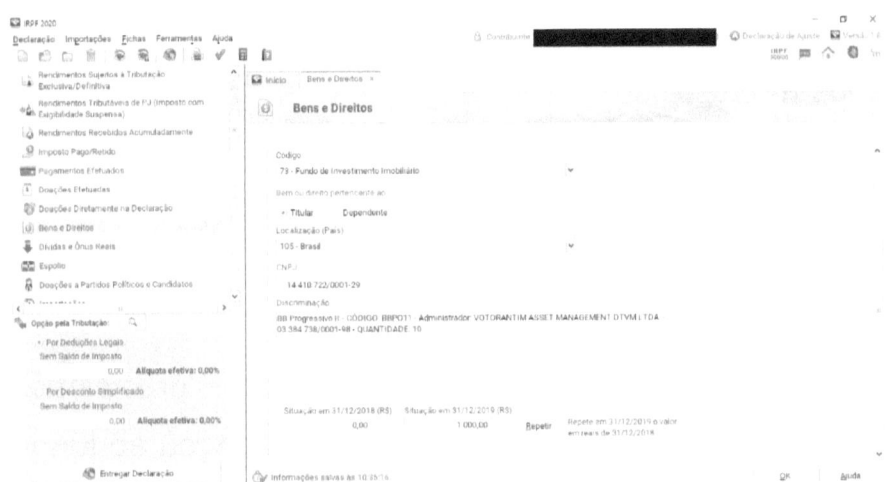

Figura 2 – Preenchendo os dados.

No fim da página, você deve inserir qual o valor patrimonial no fim do ano anterior e no fim do ano de exercício. Para o caso aqui, foi simulado que você não tinha esse fundo imobiliário ao fim de 2018, e que acumulou R$1.000,00 em patrimônio adquirindo estas 10 cotas até o fim de 2019.

Lembre-se sempre de conferir as cartinhas ou e-mails de seus fundos imobiliários. Veja também que de propósito peguei um fundo que tem um CNPJ, e o administrador, que será sua fonte pagadora, possui outro CNPJ. Cuidado com isso na hora de declarar.

Este procedimento deve ser repetido para todos os seus fundos e atualizado ano a ano. Parece algo difícil, mas desde que você seja organizado, e planilhe todas as suas movimentações, fica muito fácil, restando uma tarefa de copiar e colar.

Agora que declaramos os seus bens, precisamos inserir os rendimentos que o fundo lhe pagou ao longo do ano fiscal.

Na aba de rendimentos isentos e não tributáveis, clique em "NOVO":

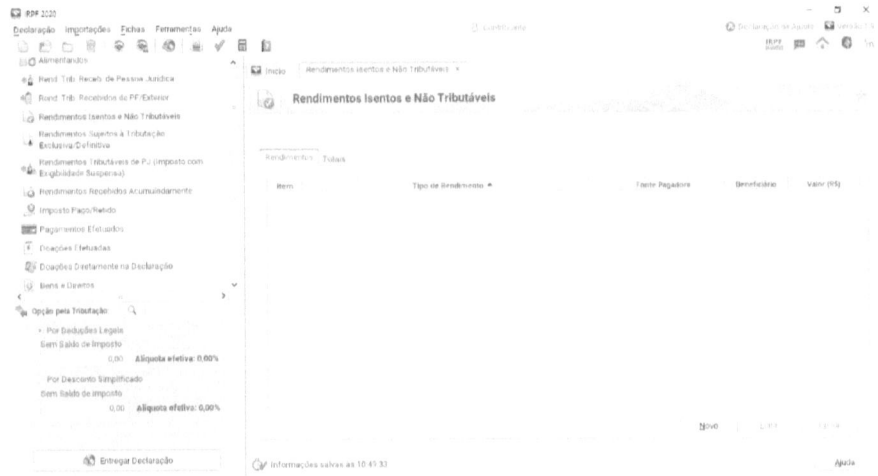

Figura 3 – Declarando os rendimentos.

Você deve declarar quanto o fundo te pagou durante esse ano de exercício. Esta informação também está nas cartinhas ou e-mails que estes gestores mandam, porém, eu particularmente gosto de planilhar tudo para não esquecer nada.

Esta aba deve ser preenchida sob o código 09 (rendimentos), contendo a descrição do fundo, a fonte pagadora e seu CNPJ. ficando como o exemplo a seguir:

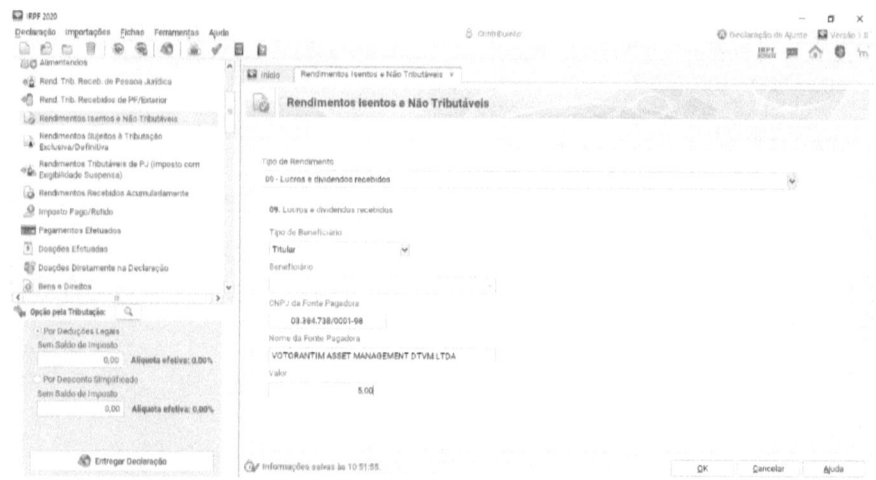

Figura 4 – Preenchendo os rendimentos

Essa foi a parte fácil. Viu como não doeu? A partir do momento que você estuda e escolhe bons ativos, o IR realmente não te dá dor de cabeça, bastando preencher os dados uma vez por ano, tomando o cuidado para inserir as informações de maneira correta apenas.

CASO 2 - Vendi uma cota, e agora?

Fica mais chato, porém não impossível. O que acontece aqui, é que diferentemente das ações, os fundos de investimento imobiliário NÃO tem isenção para vendas com lucro até R$20.000,00 no mês, ou seja, se você vendeu uma cota, e obteve lucro, terá que pagar imposto.

Vamos ver agora como calculá-lo, já que é responsabilidade do investidor realizar os cálculos e apurar o impost devido.

O tal do preço médio

A medida que for comprando cotas, é muito provável que você irá adquirir estas cotas por valores diferentes ao longo do tempo. Para o cálculo de venda, é importante ter noção do preço médio (PM), que está sendo consolidado aqui.

Uma dica importante: para evitar rolos desnecessários, o ideal é sempre comprar ou vender um ativo somente por dia, para que os valores não sejam distorcidos devido a impostos e corretagem. De forma prática, quer se desfazer do fundo AAAA11 e do BBBB11? Venda cada um em um dia.

O que faremos aqui, pra quem tem facilidade com cálculos, é realizar uma média ponderada das cotações de cada cota. Basicamente, para calcular esta média ponderada, ou PM, pegamos o valor apontado na nota de corretagem de cada negociação, escrito como "Líquido para xxxx", somamos todos os valores de todas as notas que apontem compras desses ativos, e daí dividimos pelo número total de cotas que temos.

Mas se você não entendeu nada do que estou falando, acompanhe o seguinte exemplo:

Tabela 1 – Exemplo de preço médio de compra

Data de compra	Operação	Cotas	Preço	Taxas	Líquido	Preço Médio
05/05	Compra	100	100,00	50,00	10.050,00	100,50
06/06	Compra	200	105,00	50,00	21.050,00	103,67
07/07	Compra	300	101,00	50,00	30.350,00	102,42

O que fizemos aqui, foi na primeira linha inserir que compramos 100 cotas, a um preço de R$100,00, inserimos todas as taxas, como emolumentos , corretagem e etc e em líquido, inserimos a soma de todos os custos. Teoricamente esse valor é o que está escrito como "líquido para xxxx" na sua nota de corretagem.

Para calcular a ultima coluna, basta dividir o valor líquido pelo número de cotas, e aí está, nosso preço médio pago por cota.

Agora vamos supor que adquirimos mais 200 cotas, ou seja, o nosso líquido nesse dia será de R$21.050,00 porém para calcular o preço médio, agora devemos somar esse valor líquido com o líquido da linha de cima, no caso, R$21.050,00 + R$10.050,00

O resultado desse valor devemos dividir pelo total de cotas que temos agora, ou seja, 300 cotas, gerando um preço médio de R$103,67. Eu geralmente deixo pra arredondar contas somente no final, mas já fiz isso aqui, com 2 casas de precisão, para fins de ficar mais fácil o exemplo.

Por fim, realizamos a compra de mais 300 cotas, tente fazer os cálculos e compare com o resultado da tabela. Você deve ter visto que o importante aqui é ter em mente quantas cotas você tem e ir somando os valores líquidos informados na nota de corretagem.

Interessante notar também que seu preço médio pode variar pra cima ou pra baixo, conforme os valores de compra de seus ativos.

Lembro também que com a popularização desse tipo de investimento, muitas corretoras hoje em dia não cobram corretagem para operações com fundos imobiliários, porém existem taxas como emolumentos e etc, tome cuidado com isso pra não ficar com seu saldo no vermelho no momento de adquirir uma cota.

Pra que isso serve se meu foco é não vender? Enquanto você não vender, esse tipo de matemática não servirá para nada. Porém, como eu sei que uma hora você vai rodar ou se desfazer de algum investimento, seja pelo fundo ter perdido os fundamentos, ou mesmo por necessidade, vamos supor que você abrirá mão de algumas cotas.

Muito bem, chegou a hora de realizar uma venda. Vamos supor que você resolveu vende 100 cotas deste fundo por R$110,00.

O que acontece aqui é que vendas NÃO alteram seu preço médio de compra, ou seja, seu preço médio irá continuar sendo R$102,42 após esta venda.

Temos que analisar o quanto lucramos com tal evento. Para isso, na nota de corretagem de venda, devemos nos atentar à linha "líquido para xxxx" da nota de corretagem, que subtrai os custos de corretagem e impostos do valor da operação (sim, nós deduzimos estes valores do valor de venda).

Tabela 2 – Exemplo de venda

Data compra	Op.	Cotas	Preço	Taxas	Líq.	Preço venda
08/08	Venda	100	110,00	50,00	10.950,00	109,50

Agora vejamos o lucro da operação:

R$109,50 – 102,42 = 7,08

Como vendemos 100 cotas, temos lucro de R$708,00 nesta operação.

Ou seja, obtivemos lucro, e assim, devemos pagar imposto desta operação. Para isso, juntamos todo o lucro apurado em operações como esta dentro de um mês e pagamos uma DARF (sobre o código 6015), no mês seguinte.

Traduzindo, se realizamos venda com lucro no mês 8, devemos realizar este pagamento no mês 9. Some todo o lucro e prejuízo que teve no mês com venda de fundos imobiliários. Os prejuízos podem compensar os lucros dentro do ano de exercício, ou seja, se teve prejuízo de janeiro até agosto, pode compensar o lucro de setembro na darf que irá pagar em outubro.

Outro fato importante. Se seu lucro for menor do que R$10,00 você deve acumular esta DARF e pagar no mês seguinte ou até obter mais de R$10,00 de lucro, já contando todas as operações e descontos de prejuízo.

Para preencher a DARF, você pode acessar a aba de pagamentos do seu banco, e possivelmente haverá a opção "DARF". Porém, tais dados podem ser preenchidos diretamente no site da receita federal, basta procurar na internet por "Sicalcweb".

Durante o preenchimento, insira o código 6015 no campo "Código da receita".

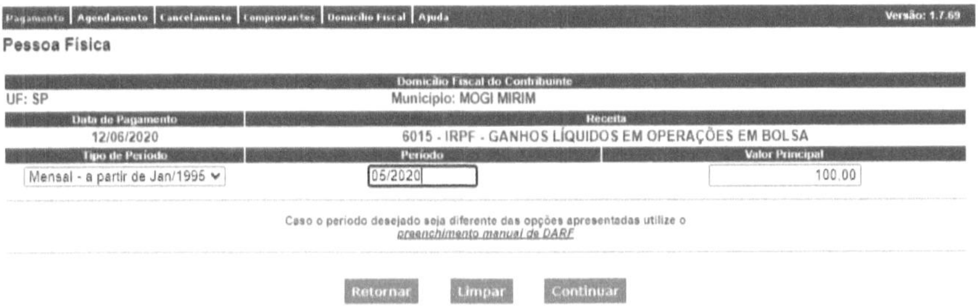

Figura 5 – Preenchendo a DARF.

Conforme for clicando em avançar e preenchendo seus dados, será gerado um boleto. Basta pagar até o vencimento e você está em dia com a receita.

MINISTÉRIO DA FAZENDA	**02** PERÍODO DE APURAÇÃO	
SECRETARIA DA RECEITA FEDERAL DO BRASIL	**03** NÚMERO DO CPF OU CNPJ	
Documento de Arrecadação de Receitas Federais	**04** CÓDIGO DA RECEITA	6015
DARF		
	05 NÚMERO DE REFERÊNCIA	
01 NOME / TELEFONE	**06** DATA DE VENCIMENTO	
PCC 2 QUINZENA/SET/2011	**07** VALOR DO PRINCIPAL	
DARF válido para pagamento até 14/10/2011	**08** VALOR DA MULTA	0,00
Domicílio tributário do contribuinte.		
NÃO RECEBER COM RASURAS	**09** VALOR DOS JUROS E / OU ENCARGOS DL - 1.025/69	0,00
Auto-Atendimento Versão 4.36.49.6291 - opção 1 - DLL versão 1.3	**10** VALOR TOTAL	

Figura 6 – Exemplo de Darf a ser paga.

Lembrando que no ajuste anual, você deve declarar as operações de venda mês a mês, não se esqueça disso. Para tal, você deve acessar a aba de "Renda Variável" do ajuste anual e acessar "Operações com Fundos de Investimento Imobiliário".

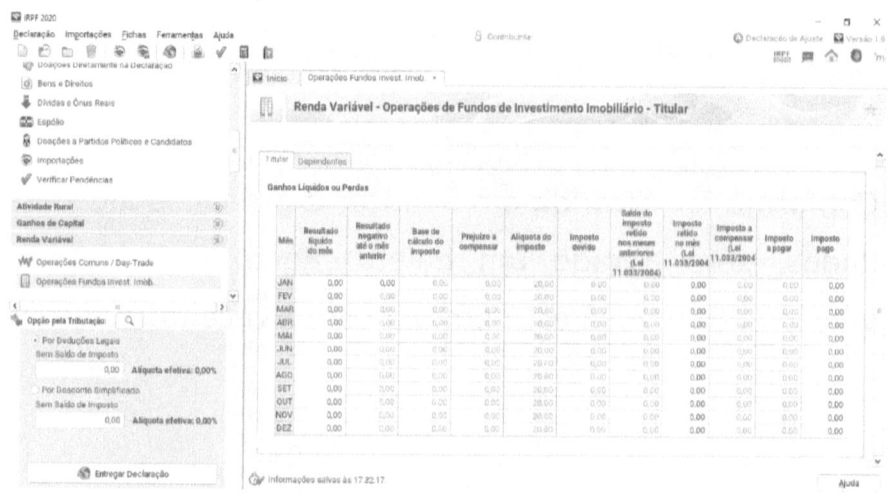

Figura 7 – Preenchendo os ajustes mensais.

Aqui, basta ir preenchendo os resultados líquidos do mês, e o imposto pago. O programa já aponta os resultados negativos que irão ser abatidos nos meses conforme for preenchendo. Sendo organizado, tudo estará ok, porém, caso você tenha esquecido de pagar alguma Darf, o próprio programa irá apontar para você que existe contas a acertar.

Por motivos como este, eu raramente me disfaço de ativos como FII's , já que o objetivo aqui é a renda passiva ao longo do tempo.

Neste ponto, ações apresentam uma pequena vantagem em relação aos FII's, dada a isenção de imposto sobre a venda mensal para um valor até R$20.000,00 porém, como o foco aqui é a renda passiva mensal, e investindo em fundos com bons fundamentos, você não deverá se preocupar muito com isso ao longo de sua vida.

Caso 3 - Stranger Things

O caso 1 e 2 são os mais comuns. Porém, podem acontecer fatores incomuns na distribuição dos fundos, como amortizações.

Como são fatos mais raros, e o objetivo deste livro é o de focar em fundos sem data prevista pra encerramento e que tendem a existir por um bom tempo, não abordaremos estes casos aqui. Recomenda-se fortemente consultar alguém especializado caso o fundo em que você investiu passe por situações de amortização, encerramento ou incorporação por outro fundo.

O TAL DO IFIX

Da mesma forma que a bolsa de valores aqui no Brasil tem o IBOV, os fundos imobiliários tem um índice (que é o IFIX). Basicamente ele tem a função de simular a oscilação de uma carteira média com os principais fundos listados, cada um com um peso dentro deste índice.

Não entrarei aqui em muitos detalhes de como esse índice é estruturado, caso você queira se inteirar sobre o assunto, basta acessar o site da B3.

Basicamente esse índice não tem lá muito valor, porém pra quem está iniciando fornece uma ótima ajuda: o de conhecer os principais fundos, seus pesos e quais os fundos mais negociados, sendo um ótimo lugar pra começar a conhecer esse mercado.

O IFIX E A TAXA DE JUROS (SELIC)

Para quem investe continuamente, visando o longo prazo, talvez esta informação não seja tão importante, pois fará aportes constantes independentemente da situação do mercado e taxa de juros vigente.

De qualquer forma, é interessante pontuar como o IFIX e a taxa de juros (SELIC) ao longo do tempo se comportam.

Basicamente a taxa de juros, para o investidor, é entendida como taxa de opirtunidade, portanto, historicamente, quanto maior uma taxa de juros em um país, é mais fácil colocar seu dinheiro em aplicações de renda fixa ao invés de aplicar em empresas ou empreendimentos, por exemplo.

Houve uma época não muito distante em que a taxa SELIC no país girava em torno de 14% . Com taxas como essa, era muito fácil achar aplicações em renda fixa, tal como títulos do tesouro direto atrelados à inflação (como por exemplo os títulos IPCA + ou antigamente chamados de NTN-B) que rendiam mais de 1% ao mês.

Com aplicações como estas, fica dificil alguém que está a procura de um bom investimento aportar em um fundo imobiliário que lhe pagaria 0,5% ao mês, por exemplo, tendo assim uma relação de custo de oportunidade.

O contrário também é verdadeiro. Com a queda dos juros, os títulos de renda fixa tendem a render menos, o que faz com que investidores procurem outras formas de ganhar altos dividendos e retornos sobre o capital investido.

Resumindo em uma frase: SELIC e IFIX tendem a se comportar de forma oposta, com um subindo enquanto o outro desce.

Mas o que isso quer dizer no final das contas? Sinceramente, nada! Porque você deve lembrar que o investidor que visa o longo prazo deve aportar sempre que possível, e diversificar seus investimentos sempre que possível.

No meu caso, eu foco em receber dividendos mensais, portanto, como não pretendo vender as minhas cotas, não importa qual o preço da cotação do dia, pois no final, o seu preço médio de compra vai sendo diluido ao longo dos aportes.

E sim, não é interessante colocar todos os ovos na mesma cesta. Ou, em outras palavras, nem só de FII vive o homem.

Você deve aportar sempre, diversificar sempre, seja em FII, ações, renda fixa, ETF's , o que quer que seja. Comprando e realizando aportes sempre que possível, seja na alta ou na baixa.

E antes que você argumente, não, não dá pra prever quando será a máxima e mínima do mercado, pra ficar ganhando nas oscilações! Você pode ter sucesso com isso no começo, mas no longo prazo, você só está girando seu investimento e perdendo a chance de acumular rendimentos.

A IMPORTÂNCIA DE LER OS RELATÓRIOS GERENCIAIS E OS FATOS RELEVANTES

Não, o título deste capítulo não é um exagero. Todos os fundos informam relatórios mensais, sobre o andamento dos imóveis, atualização dos valores distribuídos e quando necessário, emitem informes denominados "fatos relevantes", onde indicam que haverá algum impacto na distribuição dos dividendos, a aquisição de algum imóvel ou mesmo algum calote. Manter-se atualizado é importantíssimo para você entender o que está acontecendo com o fundo, e você deve ler, principalmente os fatos relevantes.

Hoje a informação está muito fácil. Na internet existem várias plataformas que realizam os compilados destes informes, e te avisam sobre os fatos relevantes e relatórios gerenciais dos seus fundos. Também existe a possibilidade de se cadastrar junto ao administrador para receber estas informações diretamente.

Acredite, a maioria dos investidores aloca seu dinheiro nestes fundos e não sabe o que está acontecendo. Conheço gente que chegou a comprar cotas de um fundo que iria ser liquidado no dia seguinte. Pesquisa e informação antes e durante seus investimentos são essenciais.

UM BATE-PAPO SOBRE JUROS COMPOSTOS

Acredito que este seja o tópico mais importante deste livro. Antes de comentar quais são os fundos imobiliários que mais gosto, me sinto na obrigação de justificar o PORQUE de investir em qualquer coisa, e o PORQUE de investimentos focados no longo prazo.

Acho importantíssimo tentar desenolver no brasileiro uma cultura de investimento. Eu sei também que isso não é uma tarefa fácil, já que o pessoal da minha geração e de gerações anteriores, teve boa parte da vida pautada por uma inflação altíssima, onde seu dinheiro não valia mais nada do dia pra noite, e que em algum momento tiveram a brilhante idéia de confiscar a poupança do brasileiro.

Mas fico feliz que os tempos são outros. E além disso, existe uma geração muito boa em que existe muita gente boa falando sobre poupar e pensar no longo prazo. A internet e as mídias sociais têm ajudado muito nessa questão.

Primeiro de tudo, quero te pedir um favor:

ESQUEÇA O ANALISTA!

Vou justificar meu raciocínio: Não tenho nada contra essa classe de profissionais, porém esse pessoal é contratado para gerar movimentação nas contas das corretoras, e não, acredite, não, ele não está te colocando em primeiro lugar te dando aquela dica super quente e mandando você girar a sua carteira.

Eu também já fui enganado com isso. Com aqueles prospectos cheios de demonstrações com números que não entendia nada e na última página uma carteira mensal recomendada. Parecia uma mina de ouro.

Porém, conforme você vai amadurecendo nos investimentos, percebe que se essa mina de ouro estivesse disponível para todos, o ouro não valeria nada.

O intuito de ser proposta uma carteira mensal, é porque no fim das contas, querem que você movimente sua carteira, pague corretagem nestas movimentações, enfim, fique guloso e acabe sem sair do lugar.

Portanto, se cabe aqui um conselho, se é que um conselho meu vale algo, é o de analisar bons fundos (e boas ações também, o conceito aqui se aplica a todos os ativos), entender o que trás valor pra você dentro destes fundos e então, caso ele cumpra seus critérios, fazer aporte neles até que eles percam os fundamentos que você tinha posto como fundamentais para que valesse o investimento nesse fundo.

E aqui vai o pulo do gato. Você receber os dividendos e proventos de fundos imobiliários ou acões ao longo do tempo e reaplicá-los, te põe no ciclo vicioso dos juros compostos. Conforme seu capital vai aumentando mensalmente, você vai reaplicando seus dividendos e por consequência, mais dividendos você recebe no mês seguinte.

No começo, pode parecer que não dá resultado praticamente nenhum, ms a magia aqui está no tempo. Conforme o tempo passa, os juros compostos exibem uma curva exponencial.

Vale lembrar aqui que, com o passar dos anos, é cada vez mais dificil alguém viver de uma aposentadoria padrão, que fará você trabalhar cada vez até uma idade mais avançada e te remunerar cada vez menos. Portanto, lembre-se de investir sempre pra poder viver tranquilo depois.

Vou te dar um exemplo. Imagine que você aplique R$1.000,00 hoje em um fundo imobiliário, e este fundo lhe remunera 0,5% ao mês, ou seja, lhe dá incríveis 5 reais por mês. Mas imagine que você não use esse dinheiro pra tomar um café, mas sim proceda da seguinte maneira: todo mês reaplique esses 5 reais no mesmo fundo e consiga aportar mais R$1.000,00 todo mês.

Vamos supor também que você comece a fazer tal aplicação com 20 anos, vamos ver quanto você terá poupado até seus 40:

- No primeiro mês, você terá um rendimento de R$5,00 e aportará mais R$1.000,00 ou seja, ficará com R$2.005,00;

- No segundo mês, você terá o rendimento de 0,5% em cima de R$2.005,00 além de aportar mais R$1.000,00, o que já te deixará com R$3.015,03;

- Após 10 anos, você já terá acumulado R$165.698,74

- No mês 240 (ou seja, daqui 20 anos), você terá juntado R$465.351,10

- Caso queira continuar a conta, você atingirá pouco mais de um milhão no mês 359, ou seja, pouco antes de 30 anos de investimentos.

Nada mal, não é? E qual o segredo aqui? Aportes constantes. E veja que nem levamos em conta a valorização das cotas, por exemplo, o que teoricamente faria você atingir este montante muito antes.

Também é importante lembrar que não inseri dados como inflação no período, porém, os rendimentos dos fundos também são reajustados ao longo do tempo e levando em conta este dado, portanto, nossa estimativa não é tão ruim assim.

Para finalizar, vamos por tal gráfico do milhão em um gráfico, e quero que você preste atenção na curva crescente para cima.

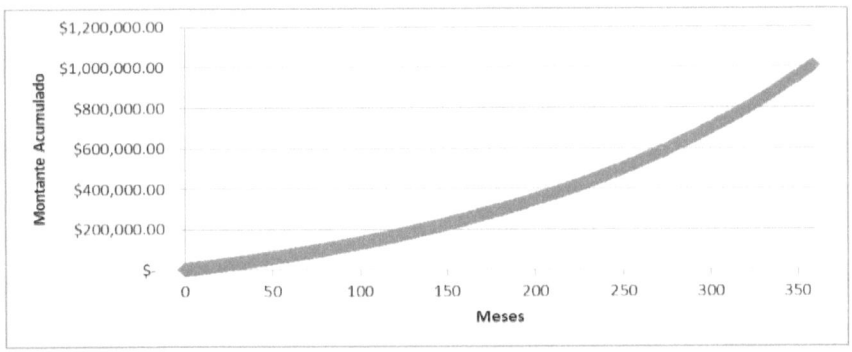

Gráfico 1 – Montante acumulado ao longo dos anos

Pra efeito de comparação, se você não tivesse reinvestido seus proventos, apenas aportando R$1.000,00 por mês, depois de vinte anos, ou se tivessemos somente feito uma única aplicação de R$1.000,00 no começo e não ter feito mais nada, teriamos os seguintes resultados:

Tabela 3 – Rendimentos e análise de casos

	Reinvestindo proventos	Não reinvestindo proventos	Única aplicação de R$1.000,00
Após 240 meses	R$465.351,10	R$241.000,00	R$3.310,20

Portanto, espero que tenha ficado claro que só investimento, dificilmente deixará alguém rico, da mesma forma que não reinvestir seus rendimentos, também irá comer sua rentabilidade.

Qual o segredo então? Focar em seu trabalho, focar em se aprimorar, conseguir aportar sempre e reinvestir sempre que possível. Este é o segredo para um fim de vida tranquilo.

Em resumo, seja indispensável, foque em ser insubstituível, economize, tente aportar e poupar tudo o que puder, para poder viver tranquilo depois.

Ah, não queria entrar neste mérito, mas caso você tenha curiosidade de como calcular juros compostos:

$$M = C * (1 + i)^T$$

Onde:

M é seu montante final;

C é seu capital inicial;

i é a taxa de juros (lembrando que você deve transformar porcentagem em número decimal, pra isso, divida a porcentagem por 100, por exemplo, 5% deve ser escrito como 0,05 na fórmula);

T é o tempo. No caso aqui, usamos meses, mas pode ser usado anos, por exemplo.

O QUE LEVAR EM CONTA NA ESCOLHA DE UM FII

Antes que você pergunte, não, esta não é uma recomendação de compra. No ramo dos investimentos todas as decisões a respeito do SEU patrimônio devem caber exclusivamente a VOCÊ!

Aliás, se cabe uma dica, invista seu tempo em estudar os fundos, e fuja da opinião de analistas. Não que eles estejam errados, mas quem deve gerir o seu capital a ser aplicado e arcar com as consequências de bons e mals investimentos, deveria ser única e exclusivamente você.

Nas próximas linhas, irei expor o que eu particularmente levo em conta na hora de escolher bons fundos. Não quer dizer que sejam os melhores, ou os que mais pagam dividendos, porém, são os que pra mim, como investidor com um perfil mais conservador e que já passou por alguns apuros nesse caminho (até porque, errando que se aprende), pretende seguir.

Particularmente, os FII's tem uma vantagem que é a diversificação. Pensando nisso, quanto mais diversificado, menos propenso estou de ter um impacto significativo quando um inquilino de algum imóvel que tenho participação resolve sair.

Exemplo: imagine que você só tem um apartamento. Caso o seu inquilino resolva ir embora, você acaba ficando sem rendimento. Já passei por mals bocados quando comecei a investir, sem saber avaliar onde estava me metendo, tendo participação em um fundo de um único prédio, que não falarei onde, que tinha um único inquilino, que não citarei qual, que anunciou um belo dia que iria sair.

Claro que vacância, caso você seja um investidor experiênte, é algo bom. Você pode analisar um fundo com cotas relativamente mais em conta (já que ele tem uma vacância elevada), e acreditar que esse imóvel vá ser alugado em breve e que consequentemente os dividendos em relação ao preço pago por cota subam, mas no caso do meu ilustre exemplo, era um prédio no meio do nada, em uma cidade a qual só conheço por imagem de satélite. Claro, me dei mal.

Parece bizarro, mas errando é que se aprende. E as vezes o ideal é aprender com o erro dos outros caso você tenha chance. Por isso repasso o que aconteceu comigo aqui. Mas lembre-se: eu não dou nenhuma recomendação de investimento, só estou reportando o que aconteceu comigo...

Devido ao trauma que tive com a história que acabei de contar, resolvi elencar alguns fatores para que pudesse escolher os principais fundos em que iria investir. Apesar de ser uma pessoa de exatas, depois de muito refletir e analisar, percebi que as continhas até poderiam ser deixadas um pouco de lado (um pouco... mas nestes exemplos, acabei deixando todas de lado). Listo os meus fatores de seleção a seguir:

- Fundos que tenham realizado IPO a mais de 5 anos

Trouxe esse quesito dos meus critérios para investir em ações.
Um fundo, bem como uma ação que já existe a mais de 5 anos, tem maior chance de ser analisada.

Fundos muito recente implicam em risco muito elevado e fica muito complicado analisar qualquer balanço e traçar perspectivas ao longo do tempo...

- Fundos que tenham liquidez

Particularmente adoto fundos que tenham mais de 50 negócios no dia. Com a crescente entrada de CPF's na bolsa, isso não é um problema para a maioria dos FII's, mas é bom ficar alerta. Geralmente fundos grandes possuem muito mais negócios por dia. Vale lembrar que a liquidez é importante para minimizar o "spread", ou seja, o custo pra entrar e pra sair, já que com poucos negócios, a chance de você comprar mais caro do que deveria ou ter que vender por um valor menor do que poderia pode ser um risco real.

- Foco em Multi-Multi

O que eu quero dizer aqui é que meu critério de escolha leva em conta fundos que sejam multi-imóveis, com mais de um inquilino e bem diversificados.

- Análise de vacância

Particularmente não gosto de apostar em vacância, por isso dou preferência para fundos que não tenham mais do que 20% de vacância no portifólio no momento que irei realizar uma compra.

- Diversidade entre os fundos

Também prefiro ter varios tipos de setores em minha carteira, como prédios comerciais, logística, varejo e shopping. Não gosto de ficar muito concentrado em um único setor, pra justamente não ficar muito exposto a oscilações da economia.

Particularmente não sou muito atraído por fundos de fundos ou por fundos de papel, pois sempre gostei dos imóveis físicos, de avaliá-los e vê-los performando ao longo do tempo. Pode parecer bobagem, mas sinto que aquele imóvel é meu, agindo dessa forma, apesar de ter ciência que sou apenas cotista do fundo.

Um último aviso: Já lhe avisei que o que escrevi acima não é uma recomendação de compra? Pois estou avisando novamente! Lembre-se de realizar as suas próprias análises ou caso ainda tenha dúvida, procure um analista certificado. O que acabei de expressar aqui foram as minhas impressões sobre o setor. Nada mais.

ALGUMAS DICAS IMPORTANTES

(EM OUTRAS PALAVRAS: ESQUEÇA O DY E FOQUE EM VALOR)

Se você entendeu o que está escrito entre parenteses no título acima, você pode até pular este capítulo. O que quero explicar aqui é que é muito fácil ter ficado encantado com aquele gráfico sobre juros compostos e tentar maximizar a todo custo os seus rendimentos mensais (DY).

E é ainda mais fácil durante uma pesquisa, encontrar fundos que tem rendimentos relativamente altos, que podem te fazer pensar algo do tipo "Opa, vou botar todo meu dinheiro nesse fundo que me paga 1% ao mês, e irei ficar rico bem mais rápido".

Essa é a receita pra cair do cavalo. Você sempre deve se perguntar o que leva um fundo a pagar mensalmente tanto a mais do que outros fundos.

Tudo gira em torno do risco desses ativos. Isso não quer dizer que sejam obrigatoriamente fundos ruins ou bons, porém você como investidor deve estar ciente de que mais dividendos geralmente estão atrelados a mais risco.

Portanto, muito cuidado ao analisar um FII, lembre-se sempre que o tempo está a seu favor, não é preciso correr.

O TAL DO RMG

Se teve um negócio em que eu caí quando comecei a investir em fundos imobiliários, foi o RMG. Basicamente, RMG significa Rendimento Mínimo Garantido.

Como isso funciona: Geralmente um fundo novo, para atrair investidores, formaliza que terá RMG até uma data x. E até essa data, o fundo obrigatoriamente irá te repassar esse valor mensalmente, e posteriormente, com o fundo e os imóveis já estabelecidos, estima-se que os rendimentos do empreendimento sejam muito próximos ou inclusive superiores ao RMG.

Um fundo de shopping, por exemplo, ao qual não citarei aqui, possuia RMG. Para a época, rendia aproximadamente 0,8% do valor da cota, e esperava-se que ao final do período de RMG, o shopping em questão estaria funcionando como um relógio e o fundo continuaria pagando os mesmos valores. Pois é, micou.

Quando foi percebido que o fundo não conseguiria manter os valores distribuidos após o fim do RMG, o valor da cota caiu, com o mercado reprecificando o valor do ativo. Um curioso que olhasse o valor do DY naquela época, em que o RMG ainda estava ativo e a cota já estaca caindo, iria ver proventos da ordem de 2% ao mês no fundo. O que seria uma ótima armadilha pra desavisados que só pensam em DY e sequer sabem o que está acontecendo ou sequer leram um fato relevante do fundo.

Particularmente, sugiro muito cuidado em mexer com fundos que envolvam RMG. Em minha modesta opinião, é um prato cheio pra você entrar em furada. Na verdade, prefiro entrar em ativos já consolidados, senão, tudo acaba virando uma grande aposta. Se for pra investir em fundos com RMG, então invista com moderação. Tente dar preferência para fundos a mais tempo no mercado e mais bem diversificados, que já estão bem estabelecidos no mercado e tendem a te dar muito menos sustos.

FUNDOS QUE FAZEM PARTE DO IFIX

Realizei uma pesquisa rápida, e no momento que escrevi esse capítulo, estes eram os fundos que compunham o IFIX. Antes que você me pergunte, isso não quer dizer que o fundo é bom ou ruim, porém, é um ótimo guia para que você comece seus estudos e conheça os fundos que apresentam liquidez no mercado. Lembre-se também que os fundos que estão dentro do IFIX podem entrar e sair do índice a qualquer momento, dependendo de como ele se comportar no futuro.

Dados para 10/06/2020:

Tabela 5 – Fundos que fazem parte do IFIX. Junho de 2020.

Código	Part. (%)
ABCP11	1,388
ALMI11	0.187
ALZR11	0.475
BARI11	0.278
BBFI11B	0.425
BBPO11	3,187
BBRC11	0.304
BBVJ11	0.198

BCFF11	2,329
BCIA11	0.419
BCRI11	0.412
BMLC11B	0.124
BPFF11	0.626
BRCO11	1,986
BRCR11	2,776
BTCR11	0.562
BTLG11	0.455
BZLI11	0.438
CARE11	0.124
CBOP11	0.136
CEOC11	0.208
CNES11	0.267
CPFF11	0.371
CPTS11B	0.844
CTXT11	0.173
CVBI11	0.413
CXRI11	0.28
EDGA11	0.182
FAED11	0.171
FAMB11B	0.48
FCFL11	0.468
FEXC11	0.279
FIGS11	0.246
FIIB11	0.414
FIIP11B	0.231
FLMA11	0.3
FLRP11	0.102
FPAB11	0.316
FVBI11	0.394
FVPQ11	0.612
GGRC11	1,084
GRLV11	0.167
GSFI11	0.211
GTWR11	1,782

HABT11	0.49
HCRI11	0.101
HCTR11	0.29
HFOF11	2,274
HGBS11	2,764
HGCR11	1,667
HGFF11	0.228
HGLG11	2,853
HGPO11	0.43
HGRE11	2,035
HGRU11	1,987
HSML11	1,790
HTMX11	0.228
IBFF11	0.066
IRDM11	1,147
JRDM11	0.255
JSRE11	2,669
KFOF11	0.439
KNCR11	4,616
KNHY11	1,439
KNIP11	4,557
KNRE11	0.103
KNRI11	5,005
LGCP11	0.221
LVBI11	1,161
MALL11	0.847
MAXR11	0.139
MBRF11	0.167
MCCI11	0.893
MFII11	0.393
MGFF11	1,085
MXRF11	1,697
NSLU11	0.366
ONEF11	0.166
OUJP11	0.436

OULG11	0.318
PATC11	0.399
PLCR11	0.22
PORD11	0.238
PQDP11	0.885
QAGR11	0.55
RBBV11	0.143
RBED11	0.508
RBFF11	0.248
RBRD11	0.209
RBRF11	1,098
RBRR11	0.896
RBVA11	1,898
RCRB11	0.668
RECT11	0.811
RNGO11	0.271
SADI11	0.302
SDIL11	0.613
SHPH11	0.659
SPTW11	0.157
TEPP11	0.419
TFOF11	0.148
TGAR11	0.495
THRA11	0.243
UBSR11	1,369
VGIR11	0.53
VILG11	1,085
VINO11	0.741
VISC11	1,971
VLOL11	0.236
VRTA11	1,265
VSHO11	0.245
VTLT11	0.299
WPLZ11	0.107
XPCI11	0.769
XPCM11	0.188

XPIN11	0.959
XPLG11	2,971
XPML11	2,502
XPPR11	0.522
XTED11	0.017
Total	**100,000**

Você pode ter observado que alguns fundos aparecem com uma letra B ao final, como por exemplo FAMB11B, o que significa que este fundo também é negociado via balcão. Na prática, não muda nada.

Saliento novamente que não é porque o fundo está no IFIX que ele é necessáriamente bom ou tem todos os fundamentos perfeitos. Basta uma análise em alguns pra eu te dizer que são na verdade bem ruins. Mas o IFIX é um ótimo indicador pra te dizer por onde começar seus estudos.

CONCLUSÃO

Espero ter conseguido expressar o quão fascinante é o mercado de fundos imobiliários. Não sei se sou um entusiasta ou se realmente enxergo nestes ativos uma ótima forma de diversificação e de renda passiva.

Particularmente obtive muito sucesso investindo nestes fundos. Hoje tenho participação em cerca de 10.

Não citarei quais são aqui, até porque o objetivo do livro é somente o de esclarecer como este mercado funciona, porém com um pouco de pesquisa e olhando quais são meus indicadores para seleção de um fundo, é muito provável que acerte a maioria deles.

Pondero aqui novamente que tudo tem um risco! Nada neste mundo é isento de risco e o mundo está em constante renovação.

De um dia pro outro, podemos simplesmente não precisar mais de escritórios por exemplo, e os fundos de lajes corporativas se tornarem desnecessários.

Um grande exemplo é a discussão sobre o futuro das agências bancárias, se irão acabar fechando e migrando tudo para a internet e impactando os fundos que recebem renda deste ativo. Quem sabe?

E como não temos bola de cristal, o segredo é a diversificação.

Ter fundos de diferentes setores, com mais de um imóvel em cada fundo, auxiliam nesse processo. Analise e estude bem.

Diversificar dilui o risco. Não ficar vidrado em cotações também. Como este é um investimento para o longo prazo, recomendo não ficar girando seus investimentos, deixe o tempo e os juros compostos atuarem sobre ele.

O que traz retorno no longo prazo é aportar todos os meses, de pouco em pouco, conforme for possível, independente das altas e baixas do mercado e não querer ficar trocando de ativos toda hora ou fazendo trades.

Quero salientar aqui também que você vai errar! Eu investi em muitos ativos ruins no começo por não saber analisar direito os fundos, por querer dividendos altos, e por seguir recomendações dos "gênios" do mercado.

O ideal é que você tente, erre, porém tente ao máximo não rodar seus investimentos.

Entrou em um ativo que não parece mais tão atrativo? Analise, analise de novo, e analise mais uma vez se realmente vale a pena tirar seu dinheiro, pagar imposto em caso de lucro e alocar em outro lugar.

Caso não valha a pena, deixe seu dinheiro lá e vá recebendo os dividendos. O importante é reanalisar sempre e tomar decisões de retirada com cuidado.

Por fim, espero que tenha gostado deste livro e que ele sirva de norte pra você conseguir se aventurar neste ramo (ou quem sabe, este livro tenha servido de alerta pra que você não invista em um fundo imobiliário...).

Quero reforçar que vale a pena investir, mesmo com pouco. Poupar e pensar no amanhã nunca valeu tanto.

Abrir mão de um carro luxuoso hoje, por torrar todo seu dinheiro em baladas ou em bebidas importadas, em status, por uma tranquilidade financeira amanhã, e por não ter que se preocupar se as contas vão fechar no azul ao fim do mês ou ao fim do ano trazem uma serenidade que te dão plenitude pra planejar outras coisas com muito mais calma.

Acredite, não ter que fazer contas ao fim do mês trás plenitude. Vale muito a pena, pode apostar!

INDICAÇÕES DE SITES E LEITURAS

Acredito que o site e os livros que mais mudaram a minha vida (e acredito que ele nem saiba disso, ou ao menos não sabia, até o momento que publico este livro), em termos de investimento e cultura de buy & hold no lugar de buscar trades e fazer venda coberta no mercado de opções, são os que estão contidos na plataforma Bastter

www.bastter.com

Quanto a livro, recomendo fortemente o livro do André Bacci,"Introdução aos fundos de investimento imobiliário". Contém uma linguagem muito amigável e de fácil compreensão, disponível como e-book kindle na plataforma Amazon.

Outros sites de referências para obter informações quanto a dividendos, fatos relevantes e facilitar sua vida, são:

www.clubefii.com.br

www.fiis.com.br